EL ALCOHOLISMO RESUELTO - NO ES TU CULPA

LA CIENCIA SE PRONUNCIA

DR. DANIEL ROBERTS

BALBOA.
PRESS

A DIVISION OF HAY HOUSE

Puede hacer pedidos de libros de Balboa Press en librerías o poniéndose en contacto con:

Balboa Press
Una División de Hay House
1663 Liberty Drive
Bloomington, IN 47403
www.balboapress.com
1 (877) 407-4847

ISBN: 978-1-5043-8173-4 (tapa blanda)
ISBN: 978-1-5043-8174-1 (libro electrónico)

Información sobre impresión disponible en la última página.

Fecha de revisión de Balboa Press: 06/26/2017

DEDICATORIA

Las personas más admirables, interesantes y humanas que he conocido en mi vida tienen algo en común: una historia de haber sufrido, haber enfrentado y haber superado, alguna enorme dificultad lleno de sombríos impedimentos, de una magnitud tal, que a todas luces se veía imposible de resolver.

De alguna forma, aprendieron que atreverse a ser positivos, bajo circunstancias adversas, un día a la vez, enaltece el alma, estimula el subconsciente y moviliza fuerzas que desconocían tener. El haberse podido conectar con ese excepcional mecanismo de supervivencia parece despertar en ellos una actitud ante la vida de mayor humildad, afecto, pasión y una habilidad única para la sensibilidad, compasión y compromiso por la vida misma y hacia los demás.

Estas actitudes no nacen de la nada. Parece que viniesen del dolor superado, de la angustia y tristeza resistidas y del triunfo del calor humano sobre sórdidas dificultades.

Siento haber tenido la fortuna de haber podido conocer, a través del contacto directo con la comunidad de Alcohólicos Anónimos, a mucha gente admirable, interesante y humana. Ellos gentilmente compartieron conmigo ese calor humano y me dieron libre acceso a conocer su lucha individual, sus más íntimas historias y pensamientos; algo esencial para este ensayo. Por ello, siempre estaré agradecido.

Dr. Daniel Roberts

CONTENIDO

INTRODUCCIÓN

"La actividad más importante que un ser humano puede lograr es aprender para entender, porque entender es ser libre".

Baruch Spinoza

"El alcoholismo resuelto – No es tu culpa" fue escrito con miras a liberar al alcohólico de la esclavitud mental derivado de antiguas creencias irracionales y señalar el camino hacia su total recuperación".

Dr. Daniel Roberts

El SIGUIENTE TEXTO ES EL RESULTADO

DE

TREINTA AÑOS

DE

INVESTIGACIÓN DEL ALCOHOLISMO

POR

PARTE DEL AUTOR

EMERGE AL COMBINAR FUNDAMENTOS

DE

LA FISIOLOGÍA HUMANA

Y

LA PRÁCTICA MÉDICA

CON

DATOS APORTADOS

POR

CENTENARES DE ALCOHÓLICOS

**EL PROPÓSITO DE ESTE ENSAYO
ES ASEGURAR**

**QUE
EL LECTOR COMPRENDA**

SIN LUGAR A DUDAS

**LA REALIDAD EXACTA DE
ESTA CONDICIÓN**

Y

...EN MENOS DE UNA HORA...

OBTENGA CONOCIMIENTOS

MÁS PRECISOS

QUE

LA MAYORÍA

DE LOS

LLAMADOS EXPERTOS

SOBRE:

LA CAUSA

LOS EFECTOS

LAS CONSECUENCIAS

Y

LA SOLUCIÓN

DEL

ALCOHOLISMO

EL INUSUAL FORMATO UTILIZADO

TIENE COMO OBJETIVO

-NO SOLO INFORMAR-

SINO AL MISMO TIEMPO:

FACILITAR

EL APRENDIZAJE

Y

ASIMILACIÓN DEL TEMA

…SIEMPRE CON SENCILLEZ…

SE EMPLEÓ

CON ALGUNA FRECUENCIA

EL RECURSO

DE

REPETICIÓN TÁCTICA

DE ALGUNOS

ELEMENTOS Y FRASES CLAVES

...ESPERANDO CON ELLO...

FACILITAR
LA FORMACIÓN DE CONCEPTOS

DE MODO QUE
EL VER ALGUNAS DUPLICACIONES

NO DEBE CAUSAR SORPRESA

- ES TOTALMENTE INTENCIONAL-

SE RECOMIENDA

UNA PEQUEÑA PAUSA
DE REFLEXIÓN

DESPUÉS DE CADA PÁGINA

-DE UNOS DOS A TRES SEGUNDOS-

ANTES DE PASAR A LA SIGUIENTE

CAPÍTULO UNO

EL ALCOHOLISMO EXPLICADO

...CON

SENCILLEZ...

EXISTEN

MUCHOS MITOS

EN RELACIÓN

AL
ALCOHOLISMO

PERO...

LA REALIDAD
ES
MUY SIMPLE:

EL ALCOHOL ES UNA DROGA

Y

EL ALCOHOLISMO

ES

UNA ADICCIÓN

A

ESA DROGA

NI MÁS

NI MENOS

DECIR

ALCOHÓLICO
O
ADICTO AL ALCOHOL

ES
EXACTAMENTE LO MISMO

TODO LO DEMÁS

TIENE QUE VER CON

LOS EFECTOS NOCIVOS DEL ALCOHOL

EN LA MENTE Y CUERPO HUMANO

Y

CON LAS CONSECUENCIAS

DEL ALTO Y FRECUENTE

CONSUMO ADICTIVO

SIENDO ESTO ASÍ
QUIEN QUIERA

ENTENDER

EL ALCOHOLISMO

LÓGICAMENTE
DEBERÁ

PRIMERO

CONOCER

...CON EXACTITUD...

QUÉ ES

UNA ADICCIÓN

SOLO ASÍ PODRÁ SABER

…QUÉ LE SUCEDIÓ…

POR QUÉ ES ALCOHÓLICO

Y

POR QUÉ NO PUEDE BEBER
COMO BEBEN LOS DEMÁS

IGUALMENTE EXPLICADO

...CON

SENCILLEZ...

LA REALIDAD
SOBRE LAS ADICCIONES

TAMBIÉN
ES RELATIVAMENTE
SIMPLE

-COMO VEREMOS A CONTINUACIÓN-

PORQUE ES EN EL CAMPO

DE LA

LA FISIOLOGÍA*

[Y NO DE LA PSICOLOGÍA]

DONDE REPOSA LA LLAVE

PARA

COMPRENDER LAS ADICCIONES

---

* De "Under the Influence" Ver Pags. 319/320.

LA FISIOLOGÍA

SE DEFINE COMO

EL FUNCIONAMIENTO NORMAL

DEL

CUERPO HUMANO

NUESTRO ORGANISMO

COMO PARTE DE

SU NORMAL ACTIVIDAD

SE VALE DE LO QUE PODRÍAMOS LLAMAR

EL MECANISMO

DE LOS

IMPERATIVOS FISIOLÓGICOS

ALGUNOS

IMPERATIVOS FISIOLÓGICOS

SON:

LA RESPIRACIÓN
EL SUEÑO
LA SED
EL HAMBRE

LOS IMPERATIVOS FISIOLÓGICOS

SON

MANDATOS ESENCIALES

VIENEN IMPRESOS

EN LA BIOLOGÍA HUMANA

A TRAVÉS DE MILLONES DE AÑOS

DE EVOLUCIÓN

SIN ELLOS ES IMPOSIBLE SOBREVIVIR

EL IMPERATIVO FISIOLÓGICO

DE OBTENER OXÍGENO

HACE IMPOSIBLE
NO RESPIRAR
POR LARGO TIEMPO

NADIE SE HA SUICIDADO
AGUANTANDO LA RESPIRACIÓN

UN IMPERATIVO FISIOLÓGICO:

**HACE IMPOSIBLE
PERMANECER SIN DORMIR**

**HACE CASI IMPOSIBLE
UNA HUELGA INDEFINIDA DE SED
Y
HACE BASTANTE DIFÍCIL
UNA HUELGA DE HAMBRE**

UN IMPERATIVO FISIOLÓGICO

PROMUEVE LA SEXUALIDAD
PARA LA CONTINUIDAD DE LA ESPECIE

TAMBIÉN
LOS IMPERATIVOS FISIOLÓGICOS
HACEN OBLIGANTES
LA EXPULSIÓN DE DESECHOS

UN IMPERATIVO FISIOLÓGICO

NOS OBLIGA

A MANTENER UNA TEMPERATURA ESTABLE

HACIÉNDONOS EVITAR

EXTREMOS DAÑINOS DE FRÍO Y CALOR

Y

UN IMPERATIVO FISIOLÓGICO

NOS OBLIGA

"A QUITAR LA MANO DE LA CANDELA"

PARA EVITAR HACERNOS DAÑO

Y

TODOS ESTOS IMPERATIVOS

CON

DIFERENTES INTENSIDADES

SON

COMPLETAMENTE NORMALES

Y

**ABSOLUTAMENTE
NECESARIOS**

PARA

LA SUPERVIVENCIA

Y

CONTINUIDAD DE LA ESPECIE

TENEMOS
DOMINIO VOLUNTARIO

SOBRE ESTAS FUNCIONES
-PODEMOS POSPONERLAS-

PERO SOLO

...HASTA CIERTO PUNTO...

PORQUE CUANDO

UN

IMPERATIVO FISIOLÓGICO

...NO ES SATISFECHO...

EL CEREBRO CREA

UN ESTADO

DE

ALARMA Y TENSIÓN

APREMIANTE
VEHEMENTE INSISTENTE CONTÍNUO...
EXHORTIVO...

CON EL FIN

DE

OBLIGARNOS

A

SOLVENTAR LA SITUACIÓN

-AÚN CUANDO NO QUISIÉRAMOS-

¿Y ESTO QUÉ TIENE

QUE VER

CON

LAS ADICCIONES?

MUY SENCILLO:

LAS ADICCIONES

SIMULAN

A LOS

IMPERATIVOS FISIOLÓGICOS

IMITAN

A LOS

DESEOS FERVIENTES

DE

RESPIRAR - DORMIR - COLMAR LA SED

ALIMENTARSE Y LOS DEMÁS

LAS ADICCIONES

SON

MUY PARECIDAS A LAS ALERGIAS

EN REALIDAD

SON DOS CARAS

DE

LA MISMA MONEDA

...PORQUE...

ASÍ COMO HAY PERSONAS
QUE NACEN CON <u>AVERSIÓN</u> CELULAR

ES DECIR

RECHAZO FÍSICO

HACIA CIERTAS SUBSTANCIAS

PROVOCANDO

-LAS REACCIONES ALÉRGICAS-

TAMBIÉN EXISTE LO CONTRARIO:

SE NACE CON <u>ATRACCIÓN</u> CELULAR
HACIA CIERTAS SUBSTANCIAS

Y EN VEZ DE RECHAZO ALÉRGICO
HAY ADHERENCIA FÍSICA

PROVOCANDO
-LAS REACCIONES ADICTIVAS-

DICHO CIENTÍFICAMENTE:
HAY PERSONAS QUE NACEN CON

AFINIDAD
FÍSICA*

HACIA CIERTAS SUSTANCIAS NOCIVAS

---

* De "Under the Influence" Ver Pags. 319/320.

LA AFINIDAD FÍSICA

ES UN

TÉRMINO UTILIZADO EN BIOQUÍMICA

A

NIVEL CELULAR

SIGNIFICA:

ATRACCIÓN - COMPATIBILIDAD - UNIÓN

POR EJEMPLO:

EL AGUA TIENE AFINIDAD FÍSICA CON
TODAS LAS CÉLULAS DEL ORGANISMO

LA HEMOGLOBINA TIENE AFINIDAD FÍSICA
CON EL OXÍGENO

ÉSTAS SE UNEN
PARA TRANSPORTARSE
A TODAS LAS CÉLULAS DEL CUERPO

LOS NUTRIENTES TAMBIÉN
...SIN ESTAS SUBSTANCIAS MORIMOS...

LAS ADICCIONES

SE INSTALAN

POR
AFINIDAD FÍSICA ANORMAL

HACIA
ALGUNAS SUSTANCIAS

Y

EN VEZ DE

IMPERATIVOS FISIOLÓGICOS

SE CONVIERTEN

EN

IMPERATIVOS DEFECTUOSOS

SE VUELVEN:

IMPERATIVOS PATOLÓGICOS

EN RESUMEN:

LAS ADICCIONES LOGRAN IMPLANTARSE

BAJO UNA ESPECIE
DE
"SEDUCCIÓN BIOLÓGICA"

PERO SON

UN ENGAÑO

UNA FALSA COPIA

UNA ABERRACIÓN

UNA PERVERSA IMITACIÓN

Y EN SÍNTESIS:

UNA ADICCIÓN

DEFINIDO
DE FORMA MUY SENCILLA

ES UN

IMPERATIVO PATOLÓGICO

CIMENTADO

A
NIVEL CELULAR

Y

EN EL CEREBRO

INDISTINGUIBLE
-BIOLÓGICAMENTE-

DE

LOS IMPERATIVOS

DE

NORMAL FUNCIONAMIENTO

POR LO TANTO

CUANDO
UN
IMPERATIVO PATOLÓGICO

...NO ES SATISFECHO...

EL CEREBRO IGUALMENTE

CREA UN ESTADO

DE

ALARMA Y TENSIÓN

APREMIANTE
VEHEMENTE...INSISTENTE...CONTÍNUO
EXHORTIVO

CON

EL ANORMAL OBJETIVO

DE

OBLIGAR

A LA PERSONA

A SOLVENTAR LA SITUACIÓN

A PROVEERLE DE SU DROGA

AÚN CUANDO NO QUISIERA

SU CUERPO
-BURLADO POR LA COMPULSIÓN-

RECLAMA SU SUSTANCIA

CON UNA

RECIEDUMBRE COMPARABLE
A LA DE UN IMPERATIVO
DE
NORMAL FUNCIONAMIENTO

Y UNA VEZ
IMPLANTADA Y FORTALECIDA
LA COMPULSIÓN FÍSICA

LA PERSONA CREE Y SIENTE

-FERVIENTEMENTE-

QUE NO PUEDE VIVIR
SIN
EL ELEMENTO AL CUAL ES ADICTO

AL IGUAL
QUE NO PODRÍA VIVIR

SIN AIRE
SIN DORMIR
SIN AGUA
SIN ALIMENTO

EN AMBOS IMPERATIVOS
-LOS FISIOLÓGICOS Y LOS PATOLÓGICOS-

EL CUERPO SE LO DEMANDA

HACIENDO QUE

LA MENTE SE LO EXHORTE

LOGRANDO QUE
NO CONCIBA LA VIDA SIN SU ELEMENTO

ES POR ESO QUE EXISTE

LA NEGACIÓN

POR PARTE DEL AFECTADO

ES POR ESO QUE

LAS ADICCIONES SON TAN DELUSORIAS

Y

DIFÍCILES DE COMBATIR

POR FORTUNA
-COMO VEREMOS MÁS ADELANTE-

TODO
IMPERATIVO PATOLÓGICO
-TODA ADICCIÓN-

PUEDE SER
PROGRESIVAMENTE DESACTIVADA

SI SE CUMPLE CON:

LA PRIVACIÓN COMPLETA

DE

LA SUBSTANCIA ADICTIVA

POR

UN PERÍODO
SUFICIENTEMENTE LARGO

...Y LUEGO SE MANTIENE DE POR VIDA...

ES MUY IMPORTANTE

QUE

EL ALCOHÓLICO

COMPRENDA

LA NATURALEZA EXACTA

DE

SU CONDICIÓN

Y

SUBSTITUYA

LAS FALSAS Y PERSISTENTES

DOCTRINAS DEL PASADO

POR

LA CLARA Y SENCILLA REALIDAD

LOS MITOS
SON IMPEDIMENTOS PARA SANAR

ES IMPORTANTE
PRIMERO
LIBRARSE DEL MISTERIO

NADA SALUDABLE

PUEDE

DEVENIR DE UNA FALACIA

CAPÍTULO DOS

LOS TRES MITOS MAYORES DEL ALCOHOLISMO

EXPLICADOS

...CON

SENCILLEZ

"Cuídate de conocimientos falsos; son más peligrosos que la ignorancia".

George Bernard Shaw

...Y EN ESA VENA... A CONTINUACIÓN

...NOS TOPAREMOS CARA A CARA CON...

EL CONOCIMIENTO FALSO CAUSANTE

DE
MUCHÍSIMA INCOHERENCIA
Y
...ENORME DESDICHA...

LA GRAN MENTIRA

…LA ENORME FALACIA…

EL PATRIARCA

FUNDADOR

DE

TODOS LOS MITOS

SOBRE EL ALCOHOLISMO

…Y EL RELATO QUE NADIE CUESTIONA…

EL
GRAN MITO MAYOR

ESTABLECE
EL SIGUIENTE DESATINO
COMO
PREMISA INICIAL:

LA GENTE SE VUELVE ALCOHÓLICA

POR

¡BEBER MUCHO!

ESTO ES COMPLETAMENTE

FALSO

**Y DA COMIENZO AL RESTO
DE LAS INCOHERENCIAS
RELACIONADAS CON EL ALCOHOLISMO**

ESTA PREMISA FICTICIA SE REFUERZA

CON LA PALABRA ABUSO

"FULANO <u>ABUSÓ</u> DEL ALCOHOL"

SEÑALANDO NEGLIGENCIA

POR PARTE DEL

"CULPABLE"

QUIEN SUPUESTAMENTE:

...SI SOLO HUBIERA BEBIDO MENOS...

NO SE HUBIESE VUELTO ALCOHÓLICO

ESTE MITO DEL "ABUSO" DEL ALCOHOL

-COMO CAUSA DEL ALCOHOLISMO-

PARA PODER ANCLARSE

EN LA PSIQUIS

DE LA SOCIEDAD HUMANA

...Y PERDURAR EN EL TIEMPO...

DEMANDA UNA FANTASÍA ADICIONAL:

**REQUIERE
UN MOTIVO PLAUSIBLE**

…UNA SEGUNDA FALSEDAD…

**PARA PODER
EXPLICAR LA PRIMERA**

PORQUE CUANDO SE ACEPTA

LA FALSA PREMISA

DE QUE

LAS PERSONAS CUANDO BEBEN MUCHO

-SE VAN A VOLVER ADICTAS-

ENTONCES POR DEDUCCIÓN

TENDRÍA QUE HABER UN MOTIVO

POR EL CUAL SE BEBIÓ MUCHO

Y DE ALLÍ SE CONJURA OTRO INVENTO...

REBUSCANDO EN POSTULADOS
DE LA PSICOLOGÍA

ALGO INTERESANTE - MISTERIOSO
INCOMPROBABLE
PERO ESO SÍ - QUE SUENE BIEN

Y SOBRE TODO
QUE SIRVA PARA LARGAS HORAS
DE DISCUSIÓN ACADÉMICA

Y ES ASÍ COMO

NACE EL MITO MAYOR II

EL MOTIVO POR EL CUAL BEBIÓ MUCHO
Y SE VOLVIÓ ALCOHÓLICO

...ES SUPUESTAMENTE...PORQUE TENÍA...A VER...

"¡CONFLICTOS SIN RESOLVER!"

¡Y ASUNTO RESUELTO!
...PORQUE EN ESE SACO CABE DE TODO...

...Y POR SUPUESTO...

ESTO TAMBIÉN

ES

COMPLETAMENTE

FALSO

**TODO SER HUMANO EN ALGÚN MOMENTO
VA A TENER ALGÚN CONFLICTO SIN RESOLVER**

Y LA HIPOTÉTICA CAUSA "POR BEBER MUCHO"

TAMBIÉN ENGENDRA

EL MITO MAYOR III

EL MISTERIO DE LA RAYA INVISIBLE

DONDE EL ALCOHÓLICO SE PREGUNTA

EN QUÉ MOMENTO LA CRUZÓ

DE SER

BEBEDOR SOCIAL A BEBEDOR COMPULSIVO

PORQUE

SI SE ACEPTA LA FALSA PREMISA

DEL "ABUSO" DEL ALCOHOL COMO CAUSA

TAMBIÉN TENDRÍA ENTONCES QUE HABER:

...UN LINDERO...

...DE ANTES Y DESPUÉS DEL "ABUSO"...

DE ALLÍ EL MISTERIO DE

"CRUZAR LA RAYA INVISIBLE"

...Y POR SUPUESTO...

IGUALMENTE

FALSO

ESTOS TRES GRANDES MITOS:

1. DE QUE LA GENTE SE VUELVE ALCOHÓLICA
CUANDO BEBE MUCHO

2. DE QUE BEBEN COMPULSIVAMENTE
PORQUE TIENEN "CONFLICTOS SIN RESOLVER"

3. DE QUE CRUZAN UNA "RAYA INVISIBLE"
DE BEBEDOR SOCIAL A BEBEDOR COMPULSIVO

DIRIGEN

EQUIVOCADAMENTE

LA ATENCIÓN

HACIA

CAUSAS PSICOLÓGICAS

INAPROPIADAS

O

INEXISTENTES

CREANDO CON ELLO:

MUCHAS TARAS

DEJANDO

HUELLAS
MUY PROFUNDAS

SOBRE TODO
DE INJUSTA CULPABILIDAD

LOS SENTIMIENTOS
DE CULPA

SOCAVAN LO MÁS PRECIADO
QUE TIENE
UN SER HUMANO:

SU AUTO-ESTIMA

Y LA PÉRDIDA

DE LA

AUTO-ESTIMA

SUELE TERMINAR

EN

DEPRESIÓN CRÓNICA

LOS TRES MITOS ADEMÁS DE PROMOVER
SENTIMIENTOS DE CULPA

CREAN
UNA ENORME CONFUSIÓN

SOBRE TODO EN AQUELLOS LUCHANDO
POR RECUPERARSE
IMPLANTANDO UNA INMENSA E INJUSTA
CARGA ADICIONAL
...DE POR VIDA...

NADIE ES CULPABLE
DE SU CONFORMACIÓN GENÉTICA

NADIE ES CULPABLE

DE

TENER UNA ENFERMEDAD

NADIE ES CULPABLE

DE

SUFRIR SUS EFECTOS

HAY QUE ELIMINAR ESTOS MITOS

PERO NO ES FÁCIL

RECUERDEN QUE ESTÁN

FUNDADOS - ARRAIGADOS – INSTITUIDOS
COMO
"VERDADES UNIVERSALES"

AUN EN
LOS PROFESIONALES DE LA SALUD

LOS MITOS SON CARACTERÍSTICAMENTE

TERCOS- OBSTINADOS- PERTINACES

Y REQUIRIEN

REMODELACIÓN

...DEBIDO A ELLO...POR ESTRATEGIA...

EN LAS PRÓXIMAS PÁGINAS

CENTRAREMOS LA ATENCIÓN

EN PULVERIZAR

ESTOS ANTIGUOS MITOS

CON

UN CAÑONEO DE REALIDADES

...DE LÓGICA PURA...

-DESDE VARIOS ÁNGULOS-

CONCENTRADA - DESPIADADA - REPETITIVA

SIENDO EL OBJETIVO:

- DEMOLER LOS FALSOS CONOCIMIENTOS-

-SEMBRAR LA REALIDAD-
Y
-ARRANCAR DE RAÍZ-

CUALQUIER
-SENTIMIENTO DE CULPA Y CONFUSIÓN-
PRODUCIDO POR ELLOS

PARA

DESMANTELAR

ESTOS TRES MITOS

COMENCEMOS POR EL PRIMERO

AL

SEÑALAR:

QUE EN EL MUNDO

HAY MILLONES DE PERSONAS

QUE

"BEBEN MUCHO"

"QUE ABUSAN DEL ALCOHOL"

CON O SIN

"CONFLICTOS SIN RESOLVER"

Y

NO SON ALCOHÓLICOS

PERO AUN MÁS IMPORTANTE:

NUNCA

PODRÍAN LLEGAR A SERLO

PORQUE

CARECEN DE UN MANDATO BIOLÓGICO

...ESENCIAL PARA LA ADICCIÓN...

ALGO PRESENTE
ÚNICAMENTE
EN LA
GENÉTICA DE LOS ALCOHÓLICOS

CUAL ES:

HABER NACIDO CON G.A.F.A.

GENES DE AFINIDAD FÍSICA
POR EL ALCOHOL

RESULTA ENTONCES

QUE

EL ASUNTO

VIENE SIENDO AL REVÉS

DE LO QUE PARECE

ES LO CONTRARIO

A LO QUE

TODO EL MUNDO PIENSA

RESPECTO AL GRAN MITO MAYOR:

NINGÚN ALCOHÓLICO ES ADICTO
PORQUE
BEBIÓ MUCHO

EL ALCOHÓLICO BEBE MUCHO
PORQUE ES ADICTO

RESPECTO AL MITO MAYOR II:

**LA IMPLANTACIÓN BIOLÓGICA
DE UN IMPERATIVO PATOLÓGICO
-UNA ADICCIÓN-
NO ES CAUSADO POR CONFLICTOS
SIN RESOLVER**

**NI MORALES – NI PSICOLÓGICOS
NI CULTURALES - NI DE FORMACIÓN**

ES DEBIDO A AFINIDAD FÍSICA GENÉTICA

RESPECTO AL MITO MAYOR III:

NO EXISTE UNA RAYA INVISIBLE

TODAS LAS ADICCIONES

SON:

GRADUALES - CRECIENTES - CONTÍNUAS

DESDE SU IMPLANTACIÓN BIOLÓGICA

HASTA

LA TOTAL ABSTENCIÓN O EL FINAL DE LA VIDA

PARA

SER ALCOHÓLICO

[O ADICTO A CUALQUIER OTRA SUSTANCIA]

EL IMPERATIVO PATOLÓGICO

SOLAMENTE SE ACTIVARÁ

EN

PERSONAS

GENÉTICAMENTE PRE-DETERMINADAS

"EL BEBER MUCHO"

ES TAN SOLO

EL RESULTADO

PREVISIBLE

DE

ESE MANDATO BIOLÓGICO

...PACIENCIA LECTORES...

...NO HEMOS TERMINADO...

A CONTINUACIÓN

SEGUIREMOS MACHACANDO

-UN POQUITO MÁS-

PARA DESMONTAR

LOS FALSOS CONOCIMIENTOS

NUEVE DE CADA DIEZ PERSONAS

NO TIENEN G.A.F.A.

POR LO TANTO

NACEN INMUNES

A LA

ADICCIÓN AL ALCOHOL

CARECEN DE AFINIDAD FÍSICA

NO PUEDEN

VOLVERSE ALCOHÓLICOS

AUNQUE BEBAN "MUCHO"

TENGAN TODOS LOS CONFLICTOS DEL MUNDO

…NI SIQUIERA QUE INTENTARAN ADREDE OBTENER

LA COMPULSIÓN/OBSESIÓN…

SEAN QUIENES SEAN

HAGAN LO QUE HAGAN - BEBAN LO QUE BEBAN

SEGUIRÁN SIENDO INMUNES

SÓLO UNA PERSONA

DE CADA DIEZ

NACE PRE-ALCOHÓLICA[*]

REPITIENDO:

-TIENEN EL TERRENO ABONADO-

NACIERON CON G.A.F.A

GENES DE AFINIDAD FÍSICA POR EL ALCOHOL

---

[*] De "Under the Influence". Esta proporción varía entre diferentes grupos étnicos dependiendo del tiempo ancestral de usanza. Ver aclaratoria página 320.

ESE UNO EN DIEZ
ES
BIOLÓGICAMENTE
IMPOTENTE
ANTE
ESTA DROGA

AL BEBER

SE PRODUCIRÁ LA UNIÓN FÍSICA CELULAR

Y

...SE VOLVERÁ ADICTO...

INEXORABLEMENTE

ES DECIR: DESDE EL PRIMER CONTACTO
COMENZARÁ A DESARROLLAR UNA COMPULSIÓN

GRADUAL - CONTÍNUA - CRECIENTE

LA CUAL PRODUCIRÁ TAMBIÉN UNA OBSESIÓN

GRADUAL - CONTÍNUA - CRECIENTE

PARALELA

SEA QUIEN SEA

HAGA LO QUE HAGA - BEBA LO QUE BEBA

SEGUIRÁ SIENDO IMPOTENTE ANTE ESTA SUSTANCIA

EL ALCOHOL ORIGINA
MÚLTIPLES EFECTOS Y CONSECUENCIAS
EN EL SER HUMANO
PERO

EL ALCOHOLISMO

TIENE

UN

SOLO SÍNTOMA

REPETIMOS:
LA
COMPULSIÓN FÍSICA PROGRESIVA

QUE GENERA

UNA

OBSESIÓN PROGRESIVA PARALELA

REPETIMOS:

TODO LO DEMÁS

ES DEBIDO

A

LOS EFECTOS NOCIVOS

DEL

ALTO Y FRECUENTE

CONSUMO ADICTIVO DEL ALCOHOL

EN LA MENTE Y CUERPO HUMANO

AUNADO A

LAS CONSECUENCIAS

DE

LIDIAR A DIARIO

CON LAS ELEVADAS MEDIDAS DE

ANGUSTIA - TENSIÓN - MALESTAR

MÁS LOS ENREDOS

PERSONALES – FAMILIARES – SOCIALES

-QUE EL ALCOHOL EN ELLOS PRODUCE-

CAPÍTULO TRES

LA FASE PRE-ADICTIVA
DEL
ALCOHOLISMO

EL ALCOHOLISMO

TIENE

DOS FASES:

LA PRE-ADICTIVA

Y

LA ADICTIVA

¿QUIÉNES SON LOS PRE-ADICTOS?

<u>REPETIMOS:</u>   SON
PRE-ALCOHÓLICOS

SOLO AQUELLOS

QUE NACEN

CON G.A.F.A.

EL MANDATO GENÉTICO

DE AFINIDAD FÍSICA POR EL ALCOHOL

[UNO EN DIEZ]

LA PRE-ADICCIÓN
ES
ESTABLECIDA

EN EL MOMENTO MISMO
DE
LA CONCEPCIÓN

POR

UN ESPERMATOZOIDE

O POR

UN ÓVULO

PORTADORES

DE G.A.F.A.

GENES DE AFINIDAD FÍSICA

POR EL ALCOHOL

DESDE EL MOMENTO MISMO

DE LA

CONCEPCIÓN

ESE ORGANISMO

EN FORMACIÓN

YA DE UNA VEZ

ES IMPOTENTE ANTE EL ALCOHOL

"ALEA IACTA EST"

SU

SUERTE

ESTÁ ECHADA...

REPETIMOS: **AL ENTRAR EN CONTACTO CON EL ALCOHOL**

SE VOLVERÁ

ADICTO

<u>INEXORABLEMENTE</u>

LA SIMPLE FÓRMULA ES:

GENÉTICA PRE-ADICTIVA

HACIA EL ALCOHOL

+

CONSUMO

= ALCOHOLISMO

ASÍ DE SENCILLO...

...ASÍ DE FÁCIL

HAGAMOS AHORA

UNA

PEQUEÑA PAUSA

COMPARATIVA

SOLO POR UNOS INSTANTES

...A MANERA DE EJEMPLO...

PARA EXPLICAR

AÚN
CON MAYOR CLARIDAD

EL VÍNCULO ENTRE LAS ADICCIONES

TODOS
LOS IMPERATIVOS PATOLÓGICOS

**TIENEN ALGO ESENCIAL
EN COMÚN
COMO VEREMOS A CONTINUACIÓN**

SI POR UN MOMENTO
ARRIBA
SUBSTITUIMOS

LA PALABRA

ALCOHOL

POR LA PALABRA

NICOTINA

TENDREMOS ÚNICAMENTE

DOS

VARIANTES:

EL VARIANTE UNO

TIENE QUE VER CON LA PROPORCIÓN:

EN LUGAR DE UNO DE CADA DIEZ

[COMO EN EL CASO DEL ALCOHOL]

SON NUEVE DE CADA DIEZ

LOS QUE TIENEN AFINIDAD FÍSICA

Y POR LO TANTO

NACEN

PRE-ADICTOS A LA NICOTINA

**ESTAS NUEVE
DE CADA DIEZ PERSONAS
SON GENÉTICAMENTE IMPOTENTES
ANTE ESTA DROGA**

Y

**SI FUMAN
SE VOLVERÁN ADICTAS**

INEXORABLEMENTE

POR EL HECHO DE HABER NACIDO

CON

GENES DE AFINIDAD FÍSICA POR LA NICOTINA

DESARROLLARÁN

UNA COMPULSIÓN FÍSICA PROGRESIVA

QUE PARALELAMENTE CAUSARÁ

UNA OBSESIÓN POR EL CIGARRILLO

TENGAN O NO TENGAN "CONFLICTOS SIN RESOLVER"

EL VARIANTE DOS TIENE QUE VER

CON

EL EFECTO Y LAS CONSECUENCIAS

DE LA NICOTINA

EN

LA MENTE Y CUERPO HUMANO

OBVIAMENTE ÉSTAS SERÁN DISTINTAS

A LAS CAUSADAS POR EL ALCOHOL

LA SIMPLE FÓRMULA ES:

GENÉTICA PREADICTIVA

HACIA LA NICOTINA

+

<u>FUMAR</u>

= TABAQUISMO

…EL RESTANTE UNO EN DIEZ ES INMUNE…

NO PUEDE VOLVERSE ADICTO… FUME CUANTO FUME

Y SI EN VEZ

DE

ALCOHOL Y NICOTINA

SUBSTITUIMOS POR UN MOMENTO

LAS PALABRAS

DROGA ADICTIVA X

VEREMOS EL MISMO FENÓMENO:

LA SIMPLE FÓRMULA ES:

GENÉTICA PRE-ADICTIVA

HACIA DROGA ADICTIVA X

+

<u>CONSUMO</u>

= ADICCIÓN A DROGA ADICTIVA X

TENGAN O NO TENGAN "CONFLICTOS SIN RESOLVER"

VARIANTES UNA Y DOS:

LA PROPORCIÓN DE PRE-ADICTOS

ES DISTINTA

Y

EL EFECTO Y LAS CONSECUENCIAS

DE LA DROGA ADICTIVA X

EN LA MENTE Y CUERPO HUMANO

OBVIAMENTE
TAMBIÉN SERÁN DIFERENTES

HAY PERSONAS QUE NACEN

PRE-ADICTAS A LA CASEINA

[UNA PROTEINA COMPONENTE DE LA LECHE]

SON GENÉTICAMENTE IMPOTENTES

ANTE ESTA SUSTANCIA

IGUALMENTE DESARROLLARÁN UNA ADICCIÓN

HACIA LOS PRODUCTOS LÁCTEOS

TENGAN O NO TENGAN ¨CONFLICTOS SIN RESOLVER”

Y POR SUPUESTO

LOS EFECTOS Y LAS CONSECUENCIAS
TAMBIÉN SERÁN DISTINTAS

RESUMIENDO

**EL PUNTO CLAVE
ES:
EL MECANISMO
BIOLÓGICO-GENÉTICO
CAUSANTE DE LA COMPULSIÓN
ES EL MISMO
PARA TODAS LAS ADICCIONES:**

NACER EN EL GRUPO PRE-ADICTIVO

+

**ENTRAR EN CONTACTO CON
SU SUBSTANCIA ADICTIVA**

=

LA INSTAURACIÓN

DE

IMPERATIVOS PATOLÓGICOS

INDEPENDIENTEMENTE

DE

CUALQUIERA

OTRA CONSIDERACIÓN

RESUMIENDO: **LO QUE VARÍA**
SON
LOS EFECTOS
Y
LAS CONSECUENCIAS
EN LA MENTE Y CUERPO HUMANO

OCASIONADOS
POR
LAS DISTINTAS SUBSTANCIAS

HAY PERSONAS QUE SON ADICTAS
TANTO AL ALCOHOL
COMO A OTRAS DROGAS

TIENEN

"LA DOBLE ADICCIÓN"

CUANDO SE ESTÁN RECUPERANDO
OBVIAMENTE NO PUEDEN HACER CONTACTO
CON NINGUNA DE ELLAS

PERO AUN LOS DROGADICTOS
NO-ALCOHÓLICOS
TAMPOCO DEBEN BEBER

PORQUE

LOS EFECTOS DEL ALCOHOL

SEGURAMENTE LOS CONDUCIRÁN

A CONSUMIR

SU SUBSTANCIA ADICTIVA

EL MITO MAYOR IV

NOS HABLA DE UNA SUPUESTA CAUSA

POR

"MENTALIDAD ADICTIVA"

PROPORCIONÁNDOLE AL ASUNTO

UN AIRE DE MISTERIO PSICOLÓGICO

Y

-REAFIRMANDO LA CULPABILIDAD-

ESTO VA EN CONCORDANCIA
CON
LOS TRES MITOS MAYORES YA DESCRITOS:
REPETIMOS:
DE QUE FULANO ES ALCOHÓLICO PORQUE
BEBIÓ MUCHO
QUE ABUSÓ DEL ALCOHOL
PORQUE TENÍA CONFLICTOS SIN RESOLVER
Y QUE
QUE CRUZÓ UNA RAYA INVISIBLE

LA CONJETURADA MENTALIDAD ADICTIVA

-DE EXISTIR-

SE CONFORMARÍA
DESPUÉS DE QUE LA ADICCIÓN
SE HA INSTALADO

EN TODO CASO SERÍA UNA CONSECUENCIA
-NO UNA CAUSA-

Y ESTARÍA RELACIONADA CON LA OBSESIÓN

PARTIENDO DE LA BASE

DE QUE

LAS PRE-ADICCIONES SE ESTABLECEN

MUCHO ANTES

DE EXISTIR CONCIENCIA

-EN EL MOMENTO DE LA CONCEPCIÓN-

NOS CONDUCE A LA CONCLUSIÓN

DE QUE...

LA RAÍZ

DE

TODO IMPERATIVO PATOLÓGICO

-TODA ADICCIÓN-

PROVIENE DE

UNA FALLA FISIOLÓGICA*

Y

NO DE UNA FALLA PSICOLÓGICA

---

* De "Under the Influence" Ver Pags. 319/320.

ESTUDIOS DE LABORATORIO
CONFIRMAN
LA EXISTENCIA DE ANIMALES
QUE CARECIENDO
DE
"MENTALIDAD ADICTIVA"

"DEFECTOS DE PERSONALIDAD"
O
"CONFLICTOS SIN RESOLVER"

TAMBIÉN NACEN IMPOTENTES

ANTE

LA ADICCIÓN AL ALCOHOL

Y

OTRAS SUSTANCIAS

-DEMOSTRANDO INEQUÍVOCAMENTE-

EL ORÍGEN ORGÁNICO

DE LOS IMPERATIVOS PATOLÓGICOS

UNA ÚLTIMA PALABRA
SOBRE EL TEMA

¿DE DONDE PROVIENEN ESTOS MITOS?

LA RESPUESTA ES LA MISMA
PARA TODA FÁBULA:

DEL

DESCONOCIMIENTO

NADIE SE SORPRENDE

CUANDO ALGUIEN EMPIEZA A FUMAR

Y

SE VUELVE ADICTO AL CIGARRILLO

¿POR QUÉ?

PORQUE HOY DÍA TODO EL MUNDO SABE

QUE LA NICOTINA

ES UNA DROGA ADICTIVA

SI EL ALCOHOL IGUAL FUESE ADICTIVO

-PARA LA MAYORÍA-

NO HABRÍA NINGÚN MISTERIO

-NI HABRÍA NECESIDAD DE ESTA DISCUSIÓN-

PORQUE

SERÍA VISTA SENCILLAMENTE
COMO LO QUE ES:

UNA DROGA ADICTIVA MÁS

PERO COMO ES ADICTIVO SOLO PARA UNO EN DIEZ

COMO EL ALCOHOL FORMA PARTE INTEGRAL
DEL TRAMADO SOCIAL
Y ESTÁ CON NOSOTROS DESDE HACE MILES DE AÑOS

COMO ES UNA DROGA LEGAL
Y COMO NO BEBER SE CONSIDERA "ANORMAL"

SE HA CREADO TODA ESTA MITOLOGÍA
QUE MANTIENE LA IGNORANCIA
-CAUSANDO MUCHO DAÑO-

¡BIEN!
AQUÍ TERMINA
LA ESTRATEGIA ANTI-MITO

HABIENDO APLICADO

INTENCIÓN

INSISTENCIA Y REPETICIÓN

-DURANTE DIEZ MINUTOS-

CONFIEMOS

EN QUE

ESTOS CUATRO MITOS

HAYAN SIDO

ADECUADAMENTE REFUTADOS

PARA SU

DESMANTELAMIENTO

CAPÍTULO CUATRO

LA FASE ADICTIVA
DEL
ALCOHOLISMO

RECORDEMOS QUE EN EL
PRE-ALCOHÓLICO

LA PÓLVORA BIOLÓGICA
ESTÁ REGADA

DESDE EL MISMO MOMENTO
DE LA
CONCEPCIÓN

SOLO FALTA

HACER CONTACTO

CON

EL ALCOHOL

PARA ENCENDER

LA MECHA PROGRESIVA

Y

DAR INICIO A LA PESADILLA

RECORDEMOS TAMBIÉN QUE:

LA COMPULSIÓN FÍSICA PATOLÓGICA

COMIENZA A ACTIVARSE

CUANDO

EL PRE-ALCOHÓLICO

HACE CONTACTO

CON

EL ALCOHOL POR VEZ PRIMERA

-ALLÍ SE ENCIENDE LA MECHA-

**EL PRIMER CONTACTO
PUEDE OCURRIR
EN ÚTERO**

**SI LA MADRE
DEL FETO PRE-ALCOHÓLICO
CONSUME ALCOHOL
DURANTE EL EMBARAZO**

**EL PRIMER CONTACTO
PUEDE OCURRIR DURANTE
<u>LA LACTANCIA</u>**

**SI LA MADRE
DEL BEBÉ PRE-ALCOHÓLICO
CONSUME ALCOHOL
DURANTE ESTE PERÍODO**

EL PRIMER CONTACTO

PUEDE OCURRIR

EN LA NIÑEZ

O

EN LA ADOLESCENCIA

GENERALMENTE

POR

CURIOSIDAD

...O MÁS ADELANTE...

**RECORDEMOS QUE
CONSUMIR
BEBIDAS ALCOHÓLICAS**

**FORMA PARTE INTEGRAL
DEL
TRAMADO SOCIAL
Y BEBER
SE CONSIDERA NORMAL**

YA QUE

NUEVE DE CADA DIEZ PERSONAS

CARECEN

DEL MECANISMO BIOLÓGICO

PARA

VOLVERSE ADICTAS

EL PRIMER CONTACTO
DEL
PRE-ALCOHÓLICO

PUEDE OCURRIR
EN
CUALQUIER
ETAPA DE LA VIDA

LA PESADILLA SE ACTIVA

DEBIDO A QUE:

EL ALCOHOL ES UNA DROGA

QUE ALTERA LA MENTE

EN
TODOS LOS SERES HUMANOS

POR LO TANTO:

SU CONSUMO

AFECTA

EL COMPORTAMIENTO NATURAL

-DE SIMILAR MANERA-

EN

EL ALCOHÓLICO

Y EN

EL NO-ALCOHÓLICO

LA DIFERENCIA

ES QUE

EN EL ADICTO AL ALCOHOL

LOS EFECTOS

SON AMPLIFICADOS ENORMEMENTE

POR

LA CORRESPONDIENTE

INMENSA CANTIDAD Y FRECUENCIA

DEL

CONSUMO

DEBIDO A ELLO

LUEGO DE INSTALARSE

EL IMPERATIVO PATOLÓGICO

SE

EMPIEZAN A GENERAR:

LAS CONSECUENCIAS

ESTAS SECUELAS LO VAN ASEDIANDO

AL PUNTO DE

OBLIGARLO A TRAJINAR

POR EL

LARGO - TENEBROSO - TRISTE

Y

CONFUSO

RECORRIDO DEL ALCOHOLISMO

ESTA AMARGA RUTA
FUE AMPLIAMENTE DESCRITA
POR

EL DR. E.M. JELLINEK

INVESTIGADOR

ASESOR DE LA ORGANIZACIÓN MUNDIAL DE LA SALUD

RESPONSABLE DE ESTABLECER

LAS

ETAPAS DEL ALCOHOLISMO

EL DR. JELLINEK
ENTREVISTÓ
A MÁS DE DOS MIL ADICTOS
AL ALCOHOL
QUE SE HABÍAN RECUPERADO
...Y A OTROS...
QUE SEGUÍAN BEBIENDO
LA MAYORÍA ERAN MIEMBROS DE ALCOHÓLICOS ANÓNIMOS

JELLINEK CONSTATÓ

QUE EN EL CORRER DEL TIEMPO

LA COMPULSIÓN FÍSICA

Y

LA OBSESIÓN

IRÍAN CONTÍNUAMENTE

EN AUMENTO

Y QUE

LAS CONSECUENCIAS

DE

LA INGESTA COMPULSIVA

DE ALCOHOL

MARCARÍAN CICLOS

A LA PAR

DE ESTA PROGRESIVIDAD

PUBLICÓ
UNA TABLA*
QUE SE HARÍA FAMOSA
MUNDIALMENTE

*[LA TABLA DE JELLINEK]

*[SU LECTURA ES MATERIA OBLIGADA PARA CONOCER LAS CONSECUENCIAS PROGRESIVAS DEL ALCOHOLISMO]

*DISPONIBLE EN LA RED

LA TABLA DE JELLINEK

TIENE CUARENTA Y CINCO RENGLONES

INDICADORES
DE LAS
CONSECUENCIAS PROGRESIVAS

DE LA
ADICCIÓN AL ALCOHOL

EL CUADRO COMIENZA

CON

LA FASE PRE-ALCOHÓLICA

Y

TERMINA

CON

LA FASE CRÓNICA

EL ÚLTIMO RENGLÓN

ES

EL NÚMERO

CUARENTA Y CINCO

...LA MUERTE...

EL AUTOBÚS

DE LA RUTA DR. JELLINEK

TIENE CUARENTA Y CINCO PARADAS

SOLAMENTE ACEPTA PASAJEROS

CON BOLETOS G.A.F.A.

-YA ACTIVADOS-

LA GENÉTICA + CONSUMO

GARANTIZA PASAJE

HASTA EL FINAL DE LA RUTA

CAPÍTULO CINCO

LA SOLUCIÓN

NO EXISTEN

SOLUCIONES MÁGICAS

PARA

LA ADICCIÓN AL ALCOHOL

LA ÚNICA SALIDA
ES
BAJARSE
DEL AUTOBÚS

DE
LA RUTA DR. JELLINEK

EN
CUALQUIER PARADA

ANTES DE

LA NÚMERO
CUARENTA Y CINCO

**ELIMINANDO
UNO
DE LOS DOS
FACTORES DE LA ECUACIÓN:**

**GENÉTICA + CONSUMO
= ALCOHOLISMO**

NO SE PUEDE ELIMINAR

LA GENÉTICA

...OBVIAMENTE...

QUEDA SOLAMENTE

ELIMINAR EL CONSUMO

-TOTALMENTE-

...UN DÍA A LA VEZ...

PREFERIBLEMENTE

CON LA AYUDA

DE
QUIENES
YA LO HAN LOGRADO

REPETIMOS:

POR FORTUNA

TODO IMPERATIVO PATOLÓGICO

-TODA ADICCIÓN-

PUEDE SER
PROGRESIVAMENTE DESACTIVADA

SI SE CUMPLE CON:

LA PRIVACIÓN COMPLETA

DE

LA SUBSTANCIA ADICTIVA

POR

UN PERÍODO
SUFICIENTEMENTE LARGO

...Y LUEGO SE MANTIENE...

LA RECUPERACIÓN
DE CENTENARES DE MILES
DE PERSONAS
ES PRUEBA EVIDENTE

DE QUE
LA COMPULSIÓN FÍSICA
Y
LA OBSESIÓN PARALELA RESULTANTE

VAN

DISMINUYENDO PROGRESIVAMENTE
HASTA DESAPARECER

POR LO TANTO

LA ESTRATEGIA

DE

CUALQUIER PROGRAMA EXITOSO

CON MIRAS

A RECUPERARSE DEL ALCOHOLISMO

DEBERÁ ESTAR CENTRADA

EN LA

<u>TOTAL ABSTENCIÓN</u>

REPETIMOS: **POR**
UN TIEMPO
SUFICIENTEMENTE LARGO

UN DÍA A LA VEZ

PREFERIBLEMENTE CON LA AYUDA
DE
QUIENES YA LO HAN LOGRADO

AUNADO A...

EL
CONVENCIMIENTO ABSOLUTO
DE LA
TOTAL IMPOTENCIA BIOLÓGICA
ANTE ESTA DROGA

DESDE SIEMPRE Y PARA SIEMPRE

CAPÍTULO SEIS

ALCOHÓLICOS ANÓNIMOS

...UNA SOLUCIÓN

MUNDIALMENTE

HAY MUCHOS CENTROS MÉDICOS

PÚBLICOS Y PRIVADOS

DEDICADOS

A LA

RECUPERACIÓN DEL ADICTO

AL ALCOHOL

-ALGUNOS MUY BUENOS-

-MUCHOS TODAVÍA CON LOS MITOS-

AQUÍ TRATAREMOS

SOBRE

EL PROGRAMA

QUE LE DA SOPORTE A TODOS ELLOS

Y

QUE ES GRATUITO:

ALCOHÓLICOS ANÓNIMOS

DESDE HACE CERCA

DE UN SIGLO

ALCOHÓLICOS ANÓNIMOS

HA SIDO UNA SOLUCIÓN

PARA

CENTENARES DE MILES DE PERSONAS

A NIVEL MUNDIAL

LA
LLEGADA

GENERALMENTE

EL ADICTO AL ALCOHOL

LLEGA

A

ALCOHÓLICOS ANÓNIMOS

CUANDO HA AGOTADO

SU

CAPACIDAD DE SUFRIMIENTO

CADA REUNIÓN

COMIENZA DEFINIENDO

EL

OBJETIVO PRINCIPAL

DE

ESTA COMUNIDAD:

"MANTENERSE SOBRIOS

Y

AYUDAR A OTROS

A ALCANZAR

EL ESTADO DE SOBRIEDAD"

LAS PALABRAS
SOBRIO Y SOBRIEDAD

-EN LA LITERATURA DE AA-

SOLO SE REFIEREN
A NO BEBER
NO TIENEN OTRO SIGNIFICADO

TAL VEZ
EL RECIÉN LLEGADO
NO LO ENTIENDA MUY BIEN

PERO

ÉL SE ENCUENTRA
EN EL LADO OPUESTO
AL ESTADO DE SOBRIEDAD:

SE

ENCUENTRA

EN EL ESTADO DE EBRIEDAD

PUESTO QUE VIVE

BAJO

EL DOMINIO

DIRECTO O INDIRECTO DEL ALCOHOL

A CAUSA DE QUE:

O

ESTÁ BEBIENDO

O

ESTÁ EN UNA RESACA

O

SU CUERPO LE ESTÁ EXIGIENDO ALCOHOL

LA TABLA DE JELLINEK

DESCRIBE ADECUADAMENTE LA ETAPA

DONDE LOS EFECTOS

Y LAS

CONSECUENCIAS
-DEL CONSUMO COMPULSIVO-

HAN TORNADO SU VIDA

INGOBERNABLE

LA COMPULSIÓN POR EL ALCOHOL
LO MANEJA
EL IMPERATIVO PATOLÓGICO
-LO TIENE EN SUS GARRAS-

...FIRMEMENTE...

... NO LO SUELTA...

NECESITA AYUDA

EL RECIÉN LLEGADO
ESCUCHA
A LOS DEMÁS

QUIENES NARRAN UNA HISTORIA

EXTRAORDINARIAMENTE
SIMILAR A LA SUYA

**ESTO OCURRE PORQUE
ESTÁN RELATANDO**

**SUS
PROPIAS ETAPAS**

**DE LA
ADICCIÓN AL ALCOHOL**

EXPERIENCIAS
YA
ANTES DESCRITAS

POR
MILES DE ALCOHÓLICOS

EN
LA TABLA DE JELLINEK

SON TAN PARECIDAS
LAS HISTORIAS
A LA SUYA
QUE SE IDENTIFICA CON ELLOS

...Y PIENSA...

"SI ESTA GENTE ES ALCOHÓLICA
YO TAMBIÉN DEBO SERLO"

PRONTO EMPIEZA A VISLUMBRAR

UNA PEQUEÑA VENTANA
DE
ESPERANZA:

"SI ELLOS PUDIERON RECUPERARSE
QUIZÁS
YO TAMBIÉN PODRÉ"

Y ASÍ

COMIENZA LA RECUPERACIÓN

BUSCANDO EL OBJETIVO

TRAZADO

POR ALCOHÓLICOS ANÓNIMOS:

ALCANZAR

EL ESTADO DE SOBRIEDAD

DONDE:

NI ESTÁ BEBIENDO

NI ESTÁ EN UNA RESACA

**NI SU CUERPO
LE ESTÁ EXIGIENDO ALCOHOL**

ES DECIR:

LO OPUESTO

AL

ESTADO
DE EBRIEDAD

MIENTRAS MAYOR SEA SU ACEPTACIÓN

DE SER

BIOLÓGICAMENTE IMPOTENTE

ANTE EL ALCOHOL

MENOS SE LE COMPLICA

LLEGAR

AL ESTADO DE SOBRIEDAD

EN ALGUNOS

ES

BASTANTE RÁPIDO

EN OTROS

EL CUERPO RECLAMANDO ALCOHOL

PUEDE

TARDAR UN BUEN TIEMPO

PERO CON EL AVANCE DEL PROCESO

LA COMPULSIÓN FÍSICA

VA BAJANDO
EN

INTENSIDAD Y FRECUENCIA

...HASTA QUE FINALMENTE...

SE LOGRA:

LA DESACTIVACIÓN

DE LA ADICCIÓN

CON LA CONSIGUIENTE

INDIFERENCIA TOTAL

HACIA EL ALCOHOL

REPETIMOS:

HASTA OBTENER

LA INDIFERENCIA TOTAL

HACIA EL ALCOHOL

ES AQUÍ
CUANDO SE CONQUISTA LA META
TRAZADA
POR
ALCOHÓLICOS ANÓNIMOS:

ALCANZÓ
EL ESTADO DE SOBRIEDAD

REPETIMOS: **SIN EMBARGO...**

DEBE SER CONSCIENTE

PARA SIEMPRE

QUE

DE HACER

EL MÁS MÍNIMO

...CONTACTO CON EL ALCOHOL...

SE REACTIVARÍA LA ADICCIÓN

REANUDÁNDOSE LA PESADILLA

SE UNE ENTONCES A AQUELLOS QUE DESEAN

<u>MANTENERSE SOBRIOS</u>

Y

AYUDAR A OTROS

A ALCANZAR EL ESTADO DE SOBRIEDAD

¡MISIÓN CUMPLIDA!

GRANDES LECCIONES ASIMILADAS

Y

MUCHAS OTRAS POR CULTIVARSE

ESTA ETAPA BORRASCOSA
DE LA VIDA
ESTÁ SUPERADA

Y

CONTINÚA LA TAREA
DE
APRENDER A VIVIR SIN BEBER

APOYO DE LOS GRUPOS
A NIVEL MUNDIAL

PARA NAVEGAR

LAS AGUAS TURBIAS

QUE TRAE LA VIDA

...POR SIEMPRE...

AMIGOS EN A.A.
QUE TODAVÍA NI CONOCEN
...AGUARDAN...

-DISPUESTOS A AYUDARLOS-

SON GRANDES VENTAJAS
QUE NO LAS TIENE
TODO EL MUNDO

AHORA

CON LA AYUDA

DE SUS COMPAÑEROS

A PERDURAR EN LA TAREA

DE SEGUIR

APRENDIENDO

...SIEMPRE APRENDIENDO...

PARA
TAL VEZ
RECONSTRUIR
SU VIDA

CAPÍTULO SIETE

UN VIAJE
A LA REALIDAD

TODO
SER HUMANO
ES
IMPERFECTO

TODO SER HUMANO

...OCASIONALMENTE O CON FRECUENCIA...

ES CAPAZ DE INCURRIR EN UN ACTO:

DIGNO, MORAL, COHERENTE, ADAPTADO, INCORRUPTIBLE,

MERITORIO, PLAUSIBLE, HÁBIL, INTELIGENTE, INTUITIVO,

PROFUNDO, DESPIERTO, SUTIL, ESTIMABLE, ECUÁNIME,

HACENDOSO, DECENTE, AGRADABLE, RECATADO,

HONORABLE, SENSIBLE, DEDICADO, PIADOSO,

HUMANITARIO, RESPONSABLE, PERSPICAZ, CLEMENTE,

ÍNTEGRO, RACIONAL, COMPASIVO, JUSTO, APTO,

PREPARADO, EQUITATIVO, PERCEPTIVO, NOBLE, HONESTO,

JUSTICIERO, DISTINGUIDO, CORTÉS, SIMPÁTICO, ATENTO,

ILUSTRE, INSIGNE, CONCISO, ACOPLADO, PULCRO,

ADMIRABLE, MODESTO, ESPERANZADO, OPTIMISTA,

ALEGRE, RADIANTE, LIDER, GENIAL, MOTIVADOR,

ILUSTRADO, RAZONABLE, CONOCEDOR, INTACHABLE,

SAGAZ, CIRCUMSPECTO, PROBO, CABAL, VERAZ. [LISTA A]

ESE MISMO SER HUMANO

...OCASIONALMENTE O CON FRECUENCIA...

ES CAPAZ DE INCURRIR EN UN ACTO:

DESCORTÉS, INCORRECTO, MALCRIADO, NEURÓTICO, MELANCÓLICO, TOSCO, NECIO, FASTIDIOSO, SOMBRÍO, SOSO, RARO, MORBOSO, INSULTANTE, VACÍO, EGOISTA, BIZARRO, IMPRUDENTE, RUDO, LOCO, NERVIOSO, HIPOCONDRÍACO, ABSURDO, RIDÍCULO, PRESUMIDO, PAYASO, IRRAZONABLE, MAJADERO, INCOHERENTE, BRUTO, INFANTIL, EXTRAVIADO, NEURASTÉNICO, ENAJENADO, GROTESCO, BUFÓN, ARROGANTE, OFENSIVO, MANIÁTICO, TRASTORNADO, DESHONESTO, INTRÉPITO, INSULSO, GROSERO, ORDINARIO, IRRACIONAL, VANO, PUERIL, GAFO. [LISTA B]

Y NADA DE ELLO

DE LAS LISTAS

A o B

SON EXCLUSIVAS DEL ALCOHÓLICO

NI SON FACTORES
CAUSALES NI CONTRIBUYENTES

A SU IMPOTENCIA BIOLÓGICA

ANTE EL ALCOHOL

…RECUERDEN…

EL ALCOHOLISMO

ES UNA ADICCIÓN
A
UNA DROGA

ES CAUSADO

POR
UNA FALLA

FISIOLÓGICA

NO SE ORÍGINA

**POR
UNA DEFICIENCIA**

MENTAL SOCIAL O MORAL

TAMPOCO ES PRODUCTO DEL MITO MAYOR II:

"DEFECTOS DE CARÁCTER"

COMO SE PENSABA

...EN 1935... CUANDO SE FUNDÓ ALCOHÓLICOS ANÓNIMOS

EN ESA ÉPOCA
NO HABÍA MAYOR CONOCIMIENTO
SOBRE LAS ADICCIONES

EL CONSUMO DE ALCOHOL
ERA VISTO
COMO UNA CONDICIÓN INMORAL

Y AL ALCOHÓLICO
COMO LO PEOR DE LO PEOR

**MUCHO MENOS SE CONOCÍA
EN 1935
EL ROL DE LA GENÉTICA
Y**

LA AFINIDAD FÍSICA POR EL ALCOHOL

**ELLO ES
DE
RELATIVAMENTE RECIENTE DATA**

EN LA ÉPOCA ANTERIOR A AA LA SOCIEDAD
SE REFERÍA A LOS MUY POCOS QUE
HABÍAN LOGRADO DEJAR DE BEBER
COMO A
ALCOHÓLICOS "REGENERADOS"

DE ALLÍ NACE LA NECESIDAD DE
"ANÓNIMO"
NADIE DESEA SER VISTO
COMO UN SER "DEGENERADO"

**HOY DÍA
LOS MITOS ANTIGUOS CONTINÚAN
MAYORMENTE CAMPANTES

Y

SE ENCARGAN
DE
MANTENER LA IGNORANCIA**

¡HAY QUE DEJARLOS ATRÁS!

-EN 1935-

-DONDE PERTENECEN-

TIENDEN

A CREAR GRANDES CONFUSIONES

Y

SENTIMIENTOS DE CULPA SIN BASE

...Y REPETIMOS...

LOS SENTIMIENTOS DE CULPA

SOCAVAN LA AUTO-ESTIMA

LO CUAL

SUELE TERMINAR

EN

DEPRESIÓN CRÓNICA

CAPÍTULO OCHO

LAS
GRANDES CONFUSIONES

RECORDEMOS UNA VEZ MÁS
LOS TRES MITOS MAYORES:
FULANO ES ALCOHÓLICO SUPUESTAMENTE:
1
POR "ABUSAR" DEL ALCOHOL
2
DEBIDO A "CONFLICTOS SIN RESOLVER"
3
Y POR "CRUZAR UNA RAYA INVISIBLE"

RECORDEMOS

QUE

TODAS ESTAS FALACIAS

SE BASAN EN LA FALSA PREMISA ORIGINAL

DE QUE

LA GENTE SE VUELVE

ADICTA

CUANDO BEBE MUCHO

EN LUGAR DE BASARSE

EN LA REALIDAD:

LA GENTE SE VUELVE ADICTA
CUANDO CONSUME UNA DROGA

-QUE SIMPLEMENTE-
PARA ELLOS

ES ADICTIVA

Y

EMBARCAN AL CAÍDO

EN UNA

INFRUCTUOSA BÚSQUEDA DE
SUPUESTAS CAUSAS

PSICOLÓGICAS- MORALES - DEFECTUOSAS

HACIÉNDOLE

VER INCORRECTAMENTE

QUE SON LA CAUSA DE SU ADICCIÓN

ESTAS FALSAS CREENCIAS

MARCÁNDOLO

COMO

CULPABLE DE SU CONDICIÓN

TRAEN SEVERAS LIMITACIONES

EN SU

RECUPERACIÓN Y BIENESTAR EMOCIONAL

-DE POR VIDA-

LA REALIDAD

ES QUE
EN TODO GRUPO HUMANO
EXISTEN PERSONAS

CON
LEVES - MODERADOS - SEVEROS
TRASTORNOS EMOCIONALES
Y
DISTORSIONES

ADQUIRIDOS

DESDE LA FAMILIA

DESDE LA SOCIEDAD

O

POR SÍ MISMO

**DURANTE CUALQUIER ETAPA
DE LA VIDA**

ALCOHÓLICOS ANÓNIMOS
ES
UN GRUPO HUMANO

QUE NO ESCAPA
A
ESTA REALIDAD

LÓGICAMENTE

-COMO TODO GRUPO-

TAMBIÉN INCLUYE A PERSONAS

CON

LEVES - MODERADOS - SEVEROS

TRASTORNOS EMOCIONALES

Y

DISTORSIONES

ESTO

TIENDE A CREAR

UN GRAN

DESCONCIERTO

EN RELACIÓN AL DOGMA

DE LOS

"DEFECTOS DE CARÁCTER"

PRIMERO:
ES FÁCIL CONFUNDIR

COMPORTAMIENTOS ANORMALES
BAJO
LOS EFECTOS DEL ALCOHOL

CON
"UNA PERSONA EN SOBRIEDAD"

EL SENTIMIENTO
DE
CULPABILIDAD Y VERGÜENZA

TAMBIÉN
SON FUERTES FACTORES PRESENTES

EN EL
RECIÉN LLEGADO

**LOS MITOS
MANTIENEN DISFRAZADA
LA CAUSA REAL DEL ALCOHOLISMO**

**CONSERVAN ASÍ LA CARGA PARA QUIEN
SUFRIÓ LA ENFERMEDAD
Y
PROMUEVEN
LA CONDENA DE LA SOCIEDAD**

Y MACHACAMOS UNA VEZ MÁS:

LOS SENTIMIENTOS DE CULPA

SOCAVAN

LA AUTO-ESTIMA

LO CUAL SUELE TERMINAR

EN

DEPRESIÓN CRÓNICA

ES SENCILLAMENTE IRRACIONAL
CULPAR A ALGUIEN

- O REPROCHARSE A SÍ MISMO -

POR SU
CONFORMACIÓN GENÉTICA

ES IRRACIONAL CULPAR A ALGUIEN

O REPROCHARSE A SI MISMO

POR HABER HECHO CONTACTO CON EL ALCOHOL

ES DECIR:

POR HABER PARTICIPADO
EN PRÁCTICAS
CONSIDERADAS NORMALES POR LA SOCIEDAD

NOTA AL MARGEN:

**LA CIENCIA YA HA IDENTIFICADO A VARIOS
GENES ASOCIADOS AL ALCOHOLISMO**

**ACTUALMENTE ES POSIBLE COMPROBAR
POR ADN
A NIÑOS NACIDOS PRE-ALCOHÓLICOS
-EN EL FUTURO CERCANO SERÁ
RUTINARIO HACERLO-**

**ESTO SERVIRÍA PARA PREVENIRLES
DE
SU CONDICIÓN PRE-ADICTIVA**

ES IMPORTANTE COMPRENDER

QUE

-DURANTE EL ALCOHOLISMO ACTIVO-
SU COMPORTAMIENTO Y CAPACIDAD

ESTABAN CON FRECUENCIA

DISTORSIONADOS

POR LOS EFECTOS Y CONSECUENCIAS

DEL ALCOHOL

"NO ERAN ELLOS"

REPETIMOS: **<u>TODA PERSONA</u>**
BAJO LOS EFECTOS DE ELEVADAS
CANTIDADES DE ALCOHOL

EXPERIMENTARÁ LOS MISMOS
SÍNTOMAS TRASTORNOS
Y COMPORTAMIENTO

PROPIOS

DE LA INTOXICACIÓN ETÍLICA

-SON EFECTOS DE ESTA DROGA-
...EN EL SER HUMANO...

PERO PUEDE HABER
UN PROBLEMA AÚN MAYOR
CUANDO
EL ALCOHÓLICO

<u>YA EN ESTADO DE SOBRIEDAD</u>

...AL NO ENTENDER...
...LO QUE LE SUCEDIÓ...

SE TRAGA LA CREENCIA

DEL

MITO MAYOR II

DE QUE SU IMPERFECCIÓN HUMANA

ES LA CAUSA DE SU ADICCIÓN AL ALCOHOL

LLÁMESE:

TRASTORNO EMOCIONAL

DISTORSIÓN - MAL HÁBITO

DEFECTOS DE CARÁCTER

CONFLICTOS SIN RESOLVER

Y AUN PEOR ES CAER EN:

EL MITO MAYOR V

QUE SOSTIENE QUE EL TÉRMINO

"ALCOHOLISMO"

ES UN DIAGNÓSTICO PSIQUIÁTRICO SINÓNIMO

DE DEFECTOS DE CARÁCTER

Y CONDUCTAS HUMANAS INDESEABLES

O IRREMEDIABLES

Y

CADA VEZ

QUE SE EVIDENCIA

ALGUNA IMPERFECCIÓN HUMANA

PARA ELLOS ES UNA PRUEBA

-EN DEFENSA DE ESTA MALSANA TESIS-

DE QUE SON:

"ENFERMOS AUN SIN BEBER"

ALGUNOS YA SOBRIOS
SIGUEN VIVIENDO EN 1935
PROFESANDO QUE EL ALCOHOLISMO
ES UNA ALTERACIÓN
MORAL O MENTAL
Y
"SIENDO QUE ES INCURABLE"
NUNCA SE VAN A RECUPERAR
...DEL TODO...

...Y PUEDEN PASAR

EL RESTO DE LA VIDA

EN A.A.

REPITIENDO LO MISMO

...ESTANCADOS...

SIN BUSCAR SOLUCIONES

A

SUS OTRAS SITUACIONES

POR LA INCORRECTA IDEA
DERIVADA DE LOS ANTIGUOS MITOS

DE QUE SUS
FRAGILIDADES TÍPICAMENTE HUMANAS

SON
"MANIFESTACIONES DEL ALCOHOLISMO"

PUEDEN PASAR
TODA LA VIDA CREYÉNDOSE

"ENFERMOS MORALES O MENTALES"
Y
PERMANECER
EN
"ETERNA RECUPERACIÓN"

ALGUNOS HASTA PUEDEN LLEGAR A
<u>ESCUDARSE</u>
COMO
"ENFERMOS"

CON EL FIN DE EVITAR AFRONTAR
LOS RETOS DIFÍCILES DE LA VIDA
O
PARA EVADIR
DOLOROSOS CAMBIOS NECESARIOS

**POSIBLEMENTE
NO COMPRENDAN
QUE SE RECUPERARON**

**EN EL
MOMENTO
QUE ALCANZARON
EL ESTADO DE SOBRIEDAD**

O SEA

LLEGARON AL ESTADO DONDE:

NI ESTÁN BEBIENDO

NI ESTÁN EN UNA RESACA

**NI SUS CUERPOS
LES ESTÁN EXIGIENDO ALCOHOL**

Y QUE LO ÚNICO
INCURABLE E IRREVERSIBLE
DEL
ALCOHOLISMO

ES LA IMPOTENCIA BIOLÓGICA
ANTE EL ALCOHOL
CON LA CUAL NACIERON

REPITIENDO: **UNA VEZ MÁS:**
EL ALCOHOLISMO
ES UNA ADICCIÓN A UNA DROGA
CAUSADA POR FACTORES
BIOLÓGICOS

-ES UN IMPERATIVO PATOLÓGICO-

NO ES UNA CARENCIA
MENTAL - SOCIAL - O MORAL

REPITIENDO: **Y**
DEFINITIVAMENTE

TAMPOCO ES CAUSADA

POR

"DEFECTOS DE PERSONALIDAD"
O POR
"CONFLICTOS SIN RESOLVER"

RESUMIENDO:

UNA VEZ ALCANZADO

EL ESTADO DE SOBRIEDAD

¡ETAPA SUPERADA!

NO EXISTE

NINGÚN SÍNTOMA

DE

ALCOHOLISMO

ES DECIR:

SE ACABA
LA COMPULSIÓN FÍSICA
CON LA CONSIGUIENTE
OBSESIÓN POR EL ALCOHOL

Y

AL NO HABER INGESTA TAMBIÉN SE ACABAN LOS EFECTOS Y LAS CONSECUENCIAS ORGÁNICAS DEL ALCOHOL EN SU CUERPO Y MENTE

YA EN EL
ESTADO DE SOBRIEDAD
EL ALCOHÓLICO
TIENE LIBRE ALBEDRÍO

PARA VIVIR SU VIDA
COMO
CUALQUIER OTRO SER HUMANO

ALCOHÓLICOS ANÓNIMOS

ES REALMENTE EXTRAORDINARIO

EXISTE PARA DEJAR DE BEBER

MANTENERSE SIN BEBER

Y AYUDAR A OTROS A DEJAR DE BEBER

PERO NO ES UNA PANACEA

NO PUEDE RESOLVER

TODOS LOS PROBLEMAS DEL SER HUMANO

SI UNA VEZ LLEGADO AL ESTADO DE SOBRIEDAD

TIENE TENDENCIAS DE SUFRIR

DE

DEPRESIÓN -ANSIEDAD - NEUROSIS

PROBLEMAS DE COMPORTAMIENTO

MAL MANEJO DE LA IRA

U

OTROS PADECIMIENTOS MENTALES

O DE CONDUCTA

ES PORQUE FORMA PARTE
DE
UN INMENSO GRUPO HUMANO:
-MILES DE MILLONES DE PERSONAS-
QUE TIENEN ESTAS CONDICIONES

Y

ES SANO ENTENDER
QUE NADA TIENEN QUE VER
CON EL ALCOHOLISMO

TAMBIÉN DEBE COMPRENDER

QUE ES

REPONSABILIDAD

DE

TODO SER HUMANO

BUSCAR CANALIZAR SOLUCIONES

PARA SUS

PARTICULARES CIRCUNSTANCIAS

SI ELLO REQUIERE

DE

AYUDA PROFESIONAL

O

APOYO POR OTROS MÉTODOS

BIENVENIDOS SEAN

ES EN ESTA ETAPA

DONDE MAYORMENTE

LA AYUDA PSICOLÓGICA PROFESIONAL

PODRÍA RESULTARLE CONVENIENTE

-A ALGUNOS-

PARA AYUDAR AQUÍ SÍ

CON:

LOS EMBROLLOS COMUNES

DE

LOS SERES HUMANOS

... A LIDIAR CON LAS CONSECUENCIAS...

...LOS CONFLICTOS NO RESUELTOS...

...LOS TRAUMAS SUFRIDOS...

LOS DEFECTOS DE CARÁCTER

LO QUE SÍ ES SEGURO ES QUE

CUANDO ESTAS CONDICIONES

SON

FALSAMENTE ATRIBUIDOS

AL

"ALCOHOLISMO"

SU PERMANENCIA POR OMISIÓN
ESTÁ MÁS O MENOS GARANTIZADA

-NADA SALUDABLE PUEDE DEVENIR DE UNA FALACIA-

CAPÍTULO NUEVE

LAS
HERIDAS - HUELLAS - CICATRICES
DEL
ALCOHOLISMO

ES SANO ENTENDER QUE
DURANTE LA ETAPA
DEL ALCOHOLISMO ACTIVO

EL ALCOHÓLICO VIVIÓ
SITUACIONES
FUERA DE LO RACIONAL

Y ESTO ES ASÍ
PORQUE SU VIDA ESTABA GOBERNADA

POR

UN IMPERATIVO PATOLÓGICO

Y POR
LOS EFECTOS NEFASTOS
DEL ALTO CONSUMO DE ALCOHOL
EN EL CUERPO Y MENTE HUMANA

PERO QUE AL LLEGAR AL ESTADO

DONDE:

NI ESTÁ BEBIENDO

NI ESTÁ EN UNA RESACA

NI SU CUERPO LE ESTÁ EXIGIENDO ALCOHOL

O SEA AL LLEGAR AL ESTADO DE SOBRIEDAD:

**AHORA ES
TOTALMENTE RESPONSABLE
DE CADA UNO DE SUS ACTOS
AL IGUAL
QUE CUALQUIER
OTRO
SER HUMANO**

Y SOBRE TODO:

ENTERAMENTE RESPONSABLE

Y

COMPROMETIDO

A

MANTENERSE SIN CONTACTO

CON EL ALCOHOL

...DE POR VIDA...

Y

**HABER SUFRIDO DE ALCOHOLISMO
NO LE DA EXCUSA ALGUNA
PARA NO REALIZAR
CAMBIOS
FUNDAMENTALES
EN ÁREAS DE SU VIDA
QUE
ASÍ LO REQUIERAN**

**LÓGICAMENTE MIENTRAS
MÁS PUEDA UNA PERSONA UBICARSE
DENTRO
DE LA LISTA A**

**MAYOR SERÁ SU FELICIDAD
Y
MÁS SIGNIFICADO TENDRÁ SU VIDA**

ADEMÁS ES BUENO ENTENDER
QUE
LA PESADILLA VIVIDA
DURANTE
LA ETAPA ACTIVA
DEL
ALCOHOLISMO

INFLIGE SECUELAS

DEJANDO

HERIDAS - HUELLAS

Y

CICATRICES

CON

LAS QUE HAY QUE LIDIAR

EL PROGRAMA ESPIRITUAL

DE

DOCE PASOS

Y

DOCE TRADICIONES

DE

ALCOHÓLICOS ANÓNIMOS

LE PROPORCIONA

UNA

EXCELENTE GUÍA

PARA ENCAUSAR SU VIDA

HACIA

LO BUENO - LO NOBLE - LO LOABLE

Y

LA ELECCIÓN DE UN PADRINO

VERSADO

EN EL PROGRAMA ESPIRITUAL

-ES IMPORTANTE-

PARA QUIENES

OPTEN TOMAR ESTE CAMINO

CAPÍTULO DIEZ

EL
ESTADO DE SOBRIEDAD

UNA VEZ ALCANZADO
EL ESTADO DE SOBRIEDAD

ALGUNOS SIGUEN SU NUEVA VIDA

CONSCIENTES DE SU IMPOTENCIA BIOLÓGICA
ANTE EL ALCOHOL

Y

NO REGRESAN A AA

MIENTRAS QUE OTROS
-IGUALMENTE CONSCIENTES-

SIGUEN ASISTIENDO
DE VEZ EN CUANDO
Y
AÚN OTROS
PREFIEREN CONCURRIR
CON MUCHA FRECUENCIA

LAMENTABLEMENTE

ALGUNOS NO LOGRAN

O

NO QUIEREN

DEJAR DE BEBER

Y

CONTINÚAN LA TRAVESÍA EN EL
AUTOBÚS DE LA RUTA DR. JELLINEK

SI TIENEN SUERTE TAL VEZ SE BAJEN

EN UNA PRÓXIMA PARADA

MUCHOS UTILIZAN
A
ALCOHÓLICOS ANÓNIMOS

SOLAMENTE
PARA DEJAR DE BEBER
Y

MANTENERSE EN SOBRIEDAD

MUCHOS OTROS

EN LA BÚSQUEDA

DE

PROFUNDOS CAMBIOS

HACEN UN INVENTARIO MORAL

APROVECHANDO

EL PROGRAMA ESPIRITUAL DE AA

DE DOCE PASOS Y DOCE TRADICIONES

**ESTE ÚLTIMO GRUPO CONCIBE
MÁS VIABLE UTILIZAR**

**LAS TUTELAS ESPIRITUALES
DEL PROGRAMA**

**PARA AFRONTAR
LOS ACONTECIMIENTOS DE LA VIDA**

Y LUCHAR CONTRA

**LAS HERIDAS HUELLAS Y CICATRICES
RESULTANTES DEL ALCOHOLISMO**

A TRAVÉS DE LA PRÁCTICA

DE

LOS DOCE PASOS

MUCHOS

MANIFIESTAN LOGRAR

UN GRAN

CRECIMIENTO PERSONAL Y ESPIRITUAL

-OTRORA INALCANZABLE-

EL EXTRAORDINARIO EFECTO CATÁRTICO

Y

LA CAMARADERÍA EXISTENTE

SON

HERRAMIENTAS MUY PODEROSAS

-INSTRUMENTOS MUY ÚTILES-

PARA ENFRENTAR

LOS DESAFÍOS DE LA VIDA

EN LOS CAMBIOS DE FORTUNA DEL TIEMPO

EL CRECIMIENTO ESPIRITUAL LOGRADO

A TRAVÉS DE LOS PASOS

PUEDE SER
DE MUCHO BENEFICIO

PARA

NEUTRALIZAR EVENTOS TRAUMÁTICOS

TANTO DEL PASADO COMO
DEL PRESENTE

-EN CUALQUIER PERSONA-

Y
TAMBIÉN PUEDE SERVIR
DE SOPORTE

-EN OTRAS ÁREAS-

NO RELACIONADAS
CON
LA ADICCIÓN AL ALCOHOL

DESPUÉS DE TODO

MEJORAR COMO PERSONA

...Y AYUDAR A OTROS...

HABRÍA DE SER
UN
MANDATO MORAL HUMANO

CADA CUAL TOMA SU PROPIA DECISIÓN

DEPENDIENDO
DE
SU VISIÓN
SU MOTIVACIÓN - SUS NECESIDADES

NADA ES IMPUESTO

A TODOS LES ESTÁ ABIERTA LA PUERTA
...PARA SIEMPRE...

"VINCI

OMNIA

VERITAS"

"La verdad se impone sobre todas las cosas".

Aclaratorias

1. **Todo lo expresado en EL ALCOHOLISMO RESUELTO – NO ES TU CULPA son conclusiones personales del autor, basado en conocimientos médicos, experiencia profesional y el compartir con centenares de alcohólicos. Nada es literatura oficial de Alcohólicos Anónimos y no debe ser vista como tal. Tampoco el autor habla en nombre de esa organización, ni lo aquí expresado fue consultado con ningún miembro de su junta directiva en ningún país.**

2. **Deseo reconocer especialmente a James Milam y Katherine Ketcham por su extraordinario ensayo "Under the Influence" donde señalan, entre muchas otras realidades, que el alcoholismo es una droga "selectivamente adictiva" para aquellos que nacen con afinidad física por ella y que es en el campo de "la fisiología y no de la psicología" donde debemos centrar nuestra atención, un tema central de este ensayo. Gracias por señalar el camino. A la vez sugiero con encaro su lectura, donde ahondan en el tema, sobre todo para aquellas personas interesadas en los pormenores científicos; en los intricados y dañinos procesos bioquímicos que ocurren a nivel celular con la utilización del**

alcohol. La contribución de estos dos investigadores científicos a esclarecer el misterio sobre el alcoholismo es de imponente significancia. En la opinión del autor, es el estudio más importante jamás realizado en este campo, marcando un hito: antes y después de la publicación de "Under the Influence"; lo que lo convierte en lectura obligada para toda persona interesada en el tema.

3. En varios sitios se menciona que una de cada diez personas nace con la genética de afinidad física por el alcohol. Esto es cierto para la mayoría pero esta proporción varía entre diferentes grupos étnicos dependiendo del tiempo ancestral de usanza de esta droga. Esto concuerda con la ley de supervivencia del más apto: a mayor tiempo de exposición, menor el porcentaje que va quedando de pre-adictos. En "Under the Influence" se señala, por ejemplo, que los italianos y los judíos, con 7.000 años de contacto con el alcohol, tienen el uno por ciento de afinidad física genética mientras que habitantes autóctonos de Alaska, con solo 300 años de contacto tienen una vulnerabilidad de un 70% por ciento, haciendo que allí el alcoholismo alcance niveles insostenibles. Esto

hace que la venta de bebidas alcohólicas en algunas de estas regiones del norte tenga que ser severamente restringida.

4. Hay personas que tienden a dudar de la causa genética "porque sus padres no son alcohólicos". Desconocen que los genes de afinidad física de las adicciones, así como su contraparte, los genes de aversión física de las alergias, se heredan de una fuente ancestral no necesariamente directa.

5. En varios sitios se menciona el alcanzar el estado de sobriedad como la indiferencia total hacia el alcohol. Esto se logra. Pero no se van a borrar de la memoria las experiencias vividas durante el tiempo de ingesta alcohólica, ni las agradables ni las desagradables. Sus recuerdos pueden producir sentimientos comparables con lo que sucede con otras experiencias traumáticas vividas o a reflejos condicionados y no se le debe dar mayor importancia... basta con entender que es natural que suceda.

6. Existen personas que siendo adictas al alcohol o no siéndolo, tienen una condición llamada coloquialmente "mala bebida". El efecto del alcohol en ellos es químicamente exacerbado y tóxico, llevándolos a actuar en

forma desquiciada, mucho más allá de las borracheras comunes típicas del alto consumo alcohólico.

7. Existen adicciones a substancias producidas por el cuerpo, principalmente la adrenalina, que se disparan por actividades. La adicción a esta droga natural es vista en trotadores compulsivos, ludópatas, amantes de deportes extremos y en los iracundos habituales. La solución es la misma: cesar por completo, en este caso, la <u>actividad</u> que hace disparar la adrenalina, por un tiempo suficientemente largo y preferiblemente con la ayuda de quienes ya lo han logrado...y entender que es por siempre.

8. Existe hoy día una suerte de manía de emplear con demasiada ligereza el término "adicción" para describir hábitos relacionados con diversas actividades y costumbres. Para calificar como "adicción", la actividad debe generar la producción de hormonas o de drogas opiáceas, como los ejemplos descritos arriba, y que la persona sea vulnerable biológicamente para adquirir la compulsión progresiva por ellas.

9. Bibliografía: Under the Influencia y Libro Azul de Alcohólicos Anónimos.

Acerca del autor

El Dr. Daniel Roberts es el fundador y director del Instituto Roberts, en Caracas, Venezuela, centro dedicado a ofrecer servicios médicos en quiropráctica, traumatología y medicina interna para el área osteo-neuro-muscular. Se retira en 2011 después de haber tratado a más de cuarenta mil pacientes. Actualmente es asesor de los sucesores del instituto. Realizó estudios de pregrado en University of Florida, en Florida, USA. Graduado de médico quiropráctico de Logan University de St. Louis, Missouri, USA. Es también autor del libro LA SOLUCIÓN EVOLUTIVA, Editorial Biósfera, el cual trata sobre la recuperación de la salud a través de conocimientos relacionados con la evolución del Homo sapiens.

Es durante investigaciones sobre la evolución que se interesa por estudios de ADN relacionados a un conjunto de cosas. La adicción a la adrenalina visto en pacientes que son trotadores compulsivos lo lleva a investigar otras adicciones. Tener alcoholismo en la familia y haber logrado esquivar su propio encontronazo con esta substancia lo lleva a indagar sobre la causa genética del mismo. Se interesa mucho sobre cómo los miembros de Alcohólicos Anónimos resuelven el problema. Es solo después de muchos años de investigación y reflexión, aunado a incontables horas compartiendo con alcohólicos en recuperación, que nace "El alcoholismo resuelto – No es tu culpa".